BESTE BILDER

Die Cartoons des Jahres 13

Cartoons von adam, Renate Alf, Frank Bahr, BECK, Harm Bengen, Bettina Bexte, Karl-Heinz Brecheis, Michi Brezel, BURKH, Peter Butschkow, Steffen Butz, Samy Challah, Birgit Dodenhoff, Uli Döring, Rainer Ehrt, Tim Oliver Feicke, Miguel Fernandez, Tom Fiedler, Kai Flemming, Peter Gaymann, Gerhard Glück, Greser & Lenz, Katharina Greve, Markus Grolik, Gymmick, Christian Habicht, Teresa Habild, Hauck & Bauer, Ruth Hebler, Pascal Heiler, Barbara Henniger, Anton Heurung, Oli Hilbring, Michael Holtschulte, Olga Hopfauf, Phil Hubbe, Matthias Hühn, Rudi Hurzlmeier, HUSE, Jandré, AD Karnebogen, Petra Kaster, Matthias Kiefel , Kittihawk, Norman Klaar, ©kriegundfreitag, Kriki, Uwe Krumbiegel, Dorthe Landschulz, Mario Lars, Wolf-Rüdiger Marunde, Piero Masztalerz, Johann Mayr, Dirk Meissner, Nadia Menze, Til Mette, Denis Metz, Mock, NEL, OL, Thomas Plassmann, Ari Plikat, Derek Pommer, Rattelschneck, Hannes Richert, Leonard Riegel, Holga Rosen, Stephan Rürup, Heiko Sakurai, Schilling & Blum, Bettina Schipping, Schwarwel, Klaus Stuttmann, Tetsche, Peter Thulke, ©TOM, Silvan Wegmann, Karsten Weyershausen, Sabine Winterweber, Miriam Wurster und Martin Zak

Herausgegeben von Antje Haubner, Wolfgang Kleinert und Dieter Schwalm

LAPPAN

1. Auflage 2022

– Originalausgabe –

ISBN 978-3-8303-3642-6

Titelcartoon: Mario Lars
Rückseitencartoon: NEL

Layout und Herstellung: Monika Swirski

Folgt uns! facebook.com/lappanverlag
Instagram.com/lappanverlag
www.lappan.de

Wir produzieren nachhaltig
- Klimaneutrales Produkt
- Papiere aus nachhaltigen und kontrollierten Quellen
- Hergestellt in Europa

FSC www.fsc.org
MIX
Papier aus verantwortungsvollen Quellen
FSC® C002795

PUTIN ist die Unperson des Jahres 2022.

Am Anfang hatten wir uns noch lustig gemacht über den kleinen Diktator an seinem langen Tisch. Es folgte Entsetzen. Und keiner weiß, wie es für die Ukraine und die Welt weitergeht ...

Der Sonderteil „Auf Putins Kriegspfad" in diesem Buch widmet sich diesem alles bestimmenden Jahresthema. Im Grunde war 2022 so, wie es Frank Bahr in seinem Cartoon „Tagesschau in zehn Sekunden" (links) beschreibt: *RUMS-PUFF-KRACH-DONNER-BLITZ-TOOOR.*

Die Welt befindet sich im Krisenmodus. Das Coronawirrwarr wird immer verwirrender. Die Gaspreise explodieren. Es brennt an allen Ecken und Enden. Nicht nur in den Wäldern als flammenden Zeichen des voranschreitenden Klimawandels.

Und dann stirbt auch noch die Queen ...

Trotz allem lässt sich der Humor nicht unterkriegen. Wie dieses Buch beweist. Mit mehr als 290 Motiven von 81 der besten Cartoonistinnen, Cartoonisten und Cartoonistenteams Deutschlands. Ausgewählt aus über 3000 Cartoons.

BESTE BILDER 13 ist die Fortsetzung unserer Reihe, die seit 2010 verfolgt, wie sich Satire, Humor und Zeichenstile entwickeln und was vom jeweiligen Jahr in Erinnerung bleiben sollte.

Wie 2022 der Fußball, der rollt und rollt. Egal, was passiert. Im Sommer bei der begeisternden Frauen-EM, fast jeden Tag im Pay-TV und schließlich bei der Weltmeisterschaft der Männer in Katar, die kein echter Fußballfan wollte.

Die Herausgeber:innen
Antje Haubner, Hamburg; Wolfgang Kleinert, Berlin; Dieter Schwalm, Oldenburg

DIESEL
2 49 9
SUPER
2 49 9
E10
2 49 9
DENEN ZEIG ICH'S
SHOP

DHL
ICH BETREIBE JETZT NEBENHER EINE POSTFILIALE

FDP UND GRÜNE HABEN SICH GEEINIGT

MAN GIBT IHNEN 100 MILLIARDEN EURO, UND SIE SITZEN HIER UND TRINKEN 60 CENT DOSENBIER?
TIL

FRAG NICHT, DAS WAR DIE IDEE VON DEINEM VATER.
TIL

Deutschland im Sommer 2022

ER SITZT IM WOHNZIMMER, UND WARTET AUF EINE EINLADUNG ALS EXPERTE ZU „HART ABER FAIR".
TIL

DAHINTER IST DER „NEUN-EURO-TICKET"-STRAND.
TIL

Heute nicht, Olga. Wir boykottieren grad alles aus Russland!

Habt ihr schon was Neues?
Wir wohnen erst mal im Metaversum.
HILBRING

HILBRING
Die Aktivisten sehen älter aus als beim letzten Mal.
Wir sind von "Eltern haften für ihre Kinder."
POLIZ

Sieht aus wie ein Anal-Toy, nennt sich aber Senklot.
LEHRBAUHOF
HILBRING

Chef, Martin ist jetzt ganz offiziell Martina.
Oh, da muss ich ja das Gehalt kürzen.
HILBRING

SIE HABEN KEINEN APFELKUCHEN MEHR? IN WAS FÜR EINER WELT LEBEN WIR DENN?

VON KIEW BIS HIERHER NACH BERLIN? BEI DEN SPRITPREISEN? SIND SIE LEBENSMÜDE?

WIRTSCHAFTLICH BRINGT DAS REIN GAR NICHTS! ABER DIE FDP WILL ALS AUSGLEICHSMASSNAHME WOLFGANG KUBICKI VOM NETZ NEHMEN.
AN
AUS
Metz 2022

Nur zwei von drei Elefanten haben ein außergewöhnliches Gedächtnis.
fiedler

Na, da sind doch schon ein paar ganz tolle Ideen dabei!!!
JAGEN
SAMMELN
fiedler

13-15 Uhr
Waffenruhe
KITTIHAWK

Oh my God! Post vom Supreme Court, stimmt's?
Heilig-sprechung
DONALD J. TRUMP
sign here:
(GOTT)
KITTIHAWK

Wieso Sekundenkleber?
Mann, Papa! Weil das Klima doch keine Zeit mehr lässt!
NOW
KITTIHAWK

Hier, euer Kilo Äpfel.
Food Taxi
KITTIHAWK

WIR DACHTEN SCHON, IHR KOMMT NICHT MEHR, MAJESTÄT!
WELL, ICH HATTE NOCH EINIGES ZU ERLEDIGEN.
NOK

TRI · TRA · TRULLALA!
HÄTTEN BESSER DAS KROKODIL MITGENOMMEN.
NOK

KARMA IST SO 'NE BITCH!
ERNA ABER AUCH!
NOK

FREIHEIT!
GLEICHHEIT!
MEISENKNÖDEL!
NOK

HAPPY BIRTHDAY!
EIN TANK-GUTSCHEIN? IHR SEID DOCH VERRÜCKT!
NOK

Quo vadis, ukrainischer Botschafter?

Verliert Gott die Nerven mit uns?

Nach der NRW-Wahl: Scholz' neuer Führungsstil

Die Welt freut sich auf die Olympischen Winterspiele

Kriegt Deutschland das Flughafenchaos in den Griff?

Und wann reist der Kanzler?

Oma-Opa-Tag!
Omi, Opi, Oma und Opa, jeweils mit neuen Lebensgefährten, sowie die Uromas Käthe und Ursel!
Ra

Wenn alle Autos Corona kriegen könnten und nur durch eine Impfung vor einer extrem aufwändigen und sauteuren Reparatur in einer Spezialwerkstatt oder der Verschrottung bewahrt werden könnten, wie hoch wär dann wohl die Impfquote?
KL-AR 100
johann mayr

Haben Sie nach der Wiedergeburt schon was vor?

Mindestabstand 1,5m
johann mayr

Alle unsere Götter befinden sich gerade in einem Kundengespräch! Ihre voraussichtliche Wartezeit beträgt momentan 2000 Jahre! Hören Sie in der Zwischenzeit das Hallelujah von Leonard Cohen!
johann mayr

Käpt'n, Indonesien bietet mehr für's Gas!
Sofort wenden!
LNG
Deutschland legt noch 10% drauf!
Kurs-wechsel!
LNG
Indonesien reagiert mit 5% mehr!
Kurs halten, den Preispoker hält nur Deutschland auf Dauer durch!
LNG
Brecheis

§
HUBBE22

EU
HUBBE 22

RICHERTS
COMICS FÜR DEN GEHOBENEN PÖBEL
DIE DOSE
MAN SOLLTE SEINEN MÜLL IMMER GANZ AKKURAT KLEIN FALTEN. DANN PASST MEHR IN DIE TONNE UND DIE ARBEITER AUF DER DEPONIE FREUEN SICH.
DAS IST QUATSCH. DIE DEPONIEARBEITER LACHEN SICH DOCH KAPUTT, WENN SIE SO WAS SEHEN.
HAHAHAR. NICO, KOMM MAL RÜBER.
WAS DENN?
KOMM EINFACH MAL, DAS MUSST DU SEHEN.
HIER, GUCK MA, WIEDER SO EIN KANDIDAT. MILCHPACKUNG OBEN AUFGESCHNITTEN, GEFÜLLT MIT MILCHPACKUNGEN UND DANN IN EINE DOSE TOMATENPASSATA.
HAHAHAHA HAHAHAR.
HAHAHA HAHAHA HAHA.
OH MAN, DIE LEUTE, EY. UNFASSBAR, WAS ES DOCH FÜR IDIOTEN GIBT.
MOMENT MAL, SIND DIE DINGER ETWA ALLE AUSGESPÜLT?
IN DER TAT.
BLITZEBLANK SAUBER.
ALTA, GÄNSEHAUT. GUCK MAL.
KANN GRAD NICHT, HAB WAS INS AUGE BEKOMMEN.
HAHA. JETZT SPÜLST DU DIE DOSE AUCH NOCH AUS. DIE WERDEN SICH TOTLACHEN.
GÄNSEHAUT

RICHERTS
COMICS FÜR DEN GEHOBENEN PÖBEL

IMMER UNTERWEGS

In Zukunft müssen sich die Schiffe an die Flüsse anpassen. Nicht umgekehrt.

Eine wunderbare Zukunft ...

Frau Schlesinger ist sich keiner Schuld bewusst. Sie habe das satte Gehalt, die dubiosen Boni und den teuren Dienstwagen selbstverständlich immer aus eigener Tasche bezahlt, indem sie wie alle Bürgerinnen und Bürger regelmäßig ihre GEZ-Gebühren überwiesen habe!
rbb
NACHRICHTEN

Falls die Oder austrocknet, müssen das die armen Fische wenigstens nicht mehr erleiden!

KLEINER TIPP: DIE SCHOKOLADE IMMER ERST HINTERHER!
UPSI.
jandré

DER MANN IM MOND

WENN INFLUENCER LESEN

NOCH EIN WORT UND ICH KLEBE DICH AUF DIE AUTOBAHN!
PETER THULKE

EIN LÖFFELCHEN SPINAT FÜR DIE OMA ...
HABEN WIR KEINE ANDEREN PROBLEME?
BTI

PEINLICH, MAMA. BIST DU JETZT PFANDSAMMLERIN?
NEIN, WAR NUR KURZ IN DEINEM ZIMMER.
BTI

WIR HABEN UNS AUF SYLT KENNENGELERNT.
THE EXPLOITED
BTI

ALLES GUT, LEUTE. DAS IST KEINE RUSSISCHE RAKETE, DAS IST EINE VON UNS.

SO EIN THEATER, NUR WEIL SIE MAL IN DIE STADT FÄHRT. DABEI HABEN DIE WAGNERS DOCH SCHON LÄNGST IHRE SILBERHOCHZEIT HINTER SICH.
SIE WOLLEN UNS DEMÜTIGEN. EINFACH NICHT HINGUCKEN.

Es ist an der Zeit auf das Jahr zurückzublicken
Oh Gott, bloß nicht!
lars

Jetzt müssen wir nur noch auf ein Erdbeben warten
Meinst du nicht, dass du mit dem Energiesparen übertreibst?
lars 22

Ich fürchte,
dass wir es uns bald
nicht mehr leisten können,
Putin zu hassen

Bier zum
Frühstück?
Ich nenne es
boostern

Natürlich ist so ein Krieg nicht zu rechtfertigen, aber...
KEIN ABER!

Ich habe FDP gewählt. Und den Rest hat dann der Markt geregelt

Kaminholz
soll jetzt
das neue
Klopapier sein!?
Leck mich doch am Arsch!

Weißt du schon, was du nach der Schule machen willst?
ABITUR BITTE RUHE
Irgendwas ohne Corona.
RÜRUP

Täusche ich mich, oder ist die Bahn voller als sonst?
Vielleicht liegt es am 9-Euro-Ticket.
Für Berufspendler ist dieses Ticket ein echter Stresstest.
REGIO DB
Für meinen Job gibt es nichts Besseres.
Was arbeiten Sie?
Taschendieb.
RÜRUP

Ich bin so gespannt.
Gleich kommt er raus.
Da! Die Tür bewegt sich.
Was ist denn das für ein Auflauf?
KREISCH KREISCH
Ein berühmter Schauspieler? Popstar? Oder ein Influencer?
Viel toller.
Ein Energieberater mit freien Terminen!
RÜRUP

Hallo, ihr beiden. Guckt ihr mit mir die Frauenfußball-EM?
Wieso eigentlich Frauenfußball-EM?
Man sagt doch auch nicht Männerfußball-EM.
Wart's ab. Es kommt noch...
... besser.
FRAUEN-TOOOOOR!
RÜRUP

Wollt
ihr einen
kostenlosen
Fitness-Test
machen?

Kommen
in deinen Träumen
auch nur Leute vor,
die du kennst?
Nur in den
Alpträumen

LEERLING

WESHALB DIE MAMMUTS WIRKLICH AUSSTARBEN

Einschulung in Texas

Donnerwetter! Bestimmt so eine Oligarchen-yacht...
Nein, die gehört dem Chef von Rheinmetall
bexte

Am Weltfrauentag könnten Sie wenigstens einen BH tragen!
BUTSCHKOW

Ich kann jetzt schlecht reden. Hier hört keiner zu.

Ich bin der Sohn Gottes!
Na, da frag ich mal den Faktenchecker.

Künstliche Renitenz

God selfie the Queen

FRECHHEIT! TROTZ TANKRABATT STEIGEN DIE SPRITPREISE!
ALSO DAS HÄTTE ICH DEM KAPITALISMUS NIEMALS ZUGETRAUT!!!
SCH WAR WEL

Läuft bei mir.
SCH WAR WEL
TANKRABATT FÜR MINERALÖLMULTIS
ÜBERGEWINNSTEUER ABSCHMETTERN
CORONAMAẞNAHMEN VERHINDERN
KLIMAGELD ABSÄGEN
ZURÜCK ZUR ATOMKRAFT

ICH VERMISSE LEWANDOWSKI JETZT SCHON!
JO MEI, DANN WIRD HALT MAL DER FC BARCELONA DEUTSCHER MEISTER!
HB

AM WOCHENENDE IST WIEDER UHRZEITUMSTELLUNG.
DAS HEISST JETZT „ZEITENWENDE".
HB

VIELEN DANK, SIR. ICH ÜBERNEHME JETZT.
REGIE
HB

...BEGRÜSSE ICH SIE HERZLICH ZUR HAUPTVERSAMMLUNG 2052 DES KLIMACLUBS.
HB

IN ANALOGER STIMMUNG.

WÄRMENDE WINTERWITZE (1):

MEINE FRESSE, WAS FÜR EIN MORGEN! ZUERST HABE ICH VERSCHLAFEN UND MUSSTE OHNE FRÜHSTÜCK LOS. DIE FAHRT ZUM BAHNHOF WAR EINE KATASTROPHE, MEIN ZUG WAR TOTAL ÜBERFÜLLT UND HATTE 30 MINUTEN VERSPÄTUNG... UND DANN AUCH NOCH DIESES BESCHISSENE WETTER!
WAS MACHST DU HIER? DU HAST DOCH HEUTE FREI?
FERNANDEZ

VIELLEICHT LÄSST DU DOCH EIN PAAR BÜCHER ZU HAUSE?
FERNANDEZ

RETTET DEN INSELWITZ!

Nein zum Klimawandel

MEINE EINZIGE SORGE

WIR SIND DANN MAL WEG...

...UND DAS IST MEIN ÖL-KELLER! HIER EIN BIO RAPSÖL VON 2021. DAS WAR NOCH EIN GÜNSTIGER JAHRGANG.
©KASTER

©Kaster

WIE SCHÖN, DASS SIE SICH ZEIT FÜR UNS NEHMEN!
EIN TRÖPFCHEN FÜR BESONDERE GELEGENHEITEN.
©KASTER

OH GOTT! ICH BIN SO FROH, DASS ER KEINE ATOMWAFFEN HAT!
AAAHH!!
SÜßIGKEITEN
MAT

40 JAHRE WAR ICH MIT MATTHIAS BEFREUNDET, ABER DIESE EINE SACHE MACHT ALLES KAPUTT! WIE KANN MAN NUR SO DENKEN? ES IST VÖLLIG ABSURD!!
IMPFGEGNER?
NUTELLA MIT BUTTER.
MAT

WARUM KOMMT PAPA NICHT AUS DEM WINTERSCHLAF? ES IST FRÜHLING!
ER SAGT, ERST WENN DIE GANZE SCHEISSE HIER VORBEI IST.
SCHNARCH!
MAT

AH, ICH SEHE GERADE.. NUR MAL SO ALS KLEINER TIPP FÜR DIE ZUKUNFT: WÄRE IHR MANN PRIVATVERSICHERT GEWESEN, HÄTTE ER DREI MONATE FRÜHER EINEN TERMIN BEKOMMEN UND WÄRE JETZT NOCH AM LEBEN!
MAT

IST ES NICHT IRGENDWIE GEFÄHRLICH IM KANU EIN LAGERFEUER ZU MACHEN?
QUATSCH! HIER IST DOCH ÜBERALL WASSER, DU IDIOT!!
MAT

SCHUHE?! WARUM SOLLTE ICH SCHUHE VERKAUFEN?
WEIL'S DRAUßEN DRANSTEHT?
ACH SO ... DA HAB ICH NOCH GAR NICHT DRÜBER NACHGEDACHT.
KASSE
MAT

SAG MAL, MUSST DU ALS BADEMEISTER NICHT DAS BECKEN ÜBERWACHEN?
NÖ, ICH SETZE JETZT AUF EIGENVERANTWORTUNG!
BISS
MAT

ACH, DR. SCHRÖDER, MEIN RADIOLOGE! SIE WOLLEN BRÖTCHEN KAUFEN? DA HABEN SIE ABER GLÜCK, DER NÄCHSTE TERMIN IST SCHON IN ZWÖLF WOCHEN!
MAT

RAINER EHRT

ENDLICH!
MASKENPFLICHT AUFGEHOBEN!
RAINER EHRT

Dieser Krieg ist die Hölle!
Ja, Putin ist eine Bestie!
Ich rede von meiner Frau ...
MOCK

Er ist ein entfernter Verwandter!
MOCK

Tempolimit: Der Kompromiss

Triage in der Gastronomie

Die Gastronomie reagiert auf die Energiekrise

BIST DU AUCH SO MÜDE?

NICHT ZUSTEIGEN! ZUG ÜBERFÜLLT.
Na toll, das 9-Euro-Ticket ist ein voller Erfolg.
2
HOLTSCHULTE

Schule abgebrochen …
… also früh im Berufsleben.
Mut zur Lücke im Lebenslauf …
… sehr schön.
Vorbestraft …
… also Lebenserfahrung.
TOLL!
Super, dieser Fachkräftemangel.
HOLTSCHULTE

So wird´s gehen.
Ja. Viel besser.

WIE KOMMST DU DARAUF, DASS DICH DEINE ELTERN NICHT LIEBEN WÜRDEN, ALEXA CORONA LAYLA?

R. I. P.
Hopfauf

Das war aber ein kurzes Drachensteigen lassen. Und wo ist überhaupt dein kleiner Bruder?
Jch habe eine schlechte und eine sehr schlechte Nachricht. Die schlechte: Der Drachen ist weg…
Hopfauf

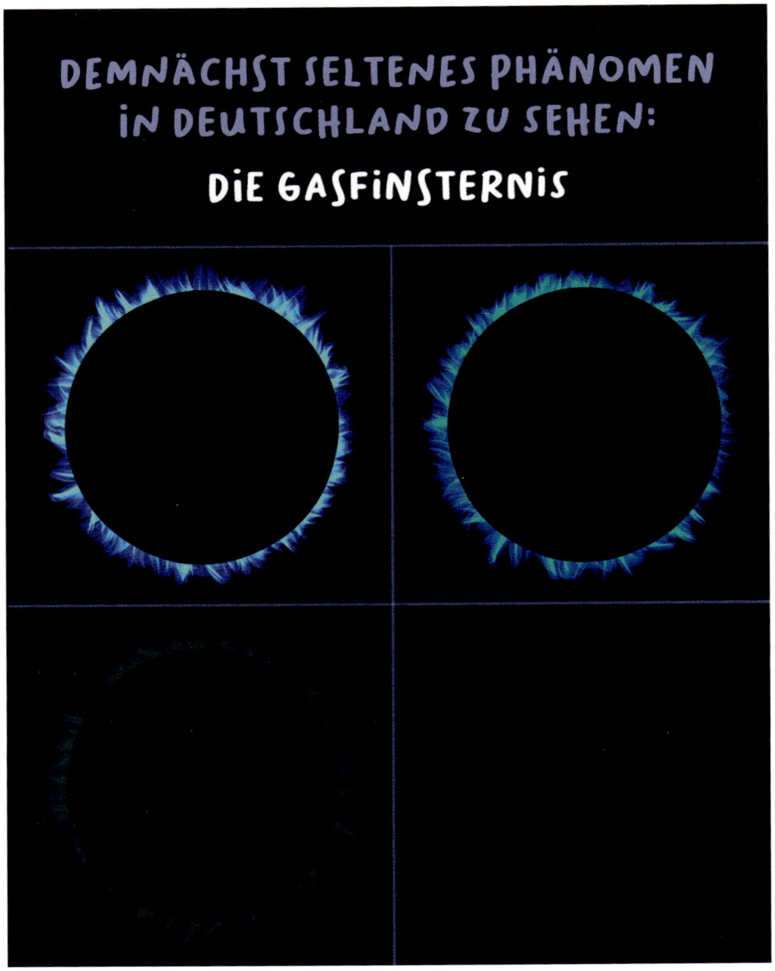
DEMNÄCHST SELTENES PHÄNOMEN
IN DEUTSCHLAND ZU SEHEN:
DIE GASFINSTERNIS

RIEN NE VA PLUS!
NICHTS GEHT MEHR!
AU REVOIR!
FLIEGEN WIRD IMMER MEHR ZUM GLÜCKSSPIEL

Grüße
vom
Rhein

Und, wie ist es so mit kleinem Kind während einer Pandemie?
Och, ich laufe halt 50 Mal heimlich zur Süßigkeiten-Schublade und schon ist wieder ein Tag geschafft.

Hilfe, ich bin in den Brunnen gefallen! Tu doch etwas!
Oh, äh, ja!
Ich wünsche mir, dass ihn jemand rettet.
@kriegundfreitag

WIR HABEN DIE RUSSISCHE PUTZFRAU ENTLASSEN, ABER
WIR SCHAFFEN DAS!
IMMOBILIEN

DIE BUNDESTAGSABGEORDNETE
SAHRA WAGENKNECHT
WURDE GESTERN ABEND VON ALIENS ENTFÜHRT
UND HEUTE MORGEN ZURÜCKGEBRACHT.
ES HANDELTE SICH UM EIN VERSEHEN.
NEWS
OL

SEHR GEEHRTER HERR PUTIN. WENN SIE MIT DER UKRAINE FERTIG SIND, KÖNNTEN SIE DANN ETWAS GEGEN DIE FALSCHPARKER VOR MEINEM HAUS TUN ?

PLANET DER AFFEN
BIST DU GEIMPFT ?
NÖ. DU ?
MONKEY TRAVEL
ERDE
DIE WAHRHEIT ÜBER AFFENPOCKEN
OL

Hochwürden! Erst die Austritte – und nun explodierende Heizkosten. Diesen Winter bleibt die Kirche kalt!
Hm. Und wenn wir wieder Hexen verbrennen?
Rechnung
KA.GREVE

Mutti! Was soll DAS denn?!?
Nur für den Fall, dass all die Spinner wieder anfangen zu hamstern.
SONNENBLUMENÖL
SONNENBLUMENÖL
SONNENBLUMENÖL
SONNENBLUMENÖL
KA.GREVE

Währenddessen im Rhein
Wird mal wieder Zeit für einen evolutionären Landgang ...
Hechel
KA.GREVE

Wenn der Euro unten bei Ihnen ankommt, ist er gleich NOCH viel weniger wert. Verrückt, nicht wahr?
KA.GREVE
Inflation trifft Arme stärker

Verrückt:
Ich war in einer Zeitschleife und habe immer wieder ein und dasselbe Bier getrunken.
Der Deckel sagt aber was anderes!

Ich arbeite wieder im Büro, aber ich schätze, es dauert noch, bis ich mich wieder eingewöhnt habe...

SCHATZ, ICH HAB 'NEN PARKPLATZ GEFUNDEN UND NEHM JETZT DIE BAHN NACH HAUSE.

10.01 Uhr: Der Fahrer lädt Dein Paket ins Auto.
10.15 Uhr: Der Fahrer ist unterwegs.
10.27 Uhr: Jetzt hat der Fahrer rot.
10.28 Uhr: Der Fahrer denkt über sein Leben nach.
11.15 Uhr: Der Fahrer fährt zurück zur Zentrale und kündigt seinen Drecksjob.
11.16 Uhr: Die Zustellung Deines Pakets verzögert sich auf unbestimmte Zeit.

AUS DER REIHE "ÜBERZEUGENDE GESPRÄCHSFÜHRUNG MIT VORGESETZTEN"

BREXIT

BORXIT

GEFÜRCHTET: UNANGEKÜNDIGTE
CORONA-TESTS

Immer dasselbe:
Unbedingt Feuerwehrmann werden wollen
und dann keine zehn Minuten durchhalten!
Riegel

Ganz sicher, dass du
Zwanziger-Jahre-Party auf die Einladung
geschrieben hast und nicht Dreißiger-Jahre?
Riegel

Neuerung zum Frühlingsbeginn:
Google Translate übersetzt jetzt auch die Natur.

UND WOFÜR BRAUCHEN SIE MEINE TELEFON-NUMMER?
ICH ARBEITE AB MORGEN IM HOME OFFICE. DA LESE ICH IHNEN DANN DIE BRIEFE AM TELEFON VOR.

WAS LIEST DU DA?
DIE NEUEN CORONA REGELN.

Oma hat NEIN zu mir gesagt!
HENNIGER

Ein Tag wie der andere- ich erlebe NICHTS!
Dann erzähl's den anderen-werde Influencerin!
HENNIGER

WAS BRINGT DIE DOCUMENTA 15 NOCH?

Deine Erinnerungen auf smartbank24

Und jetzt gibt es das Neueste vom Sport mit Norbert.
Nicht ganz. Ich hab heute mal das Neueste vom Theater mitgebracht.
H&B

Ich würde lieber mit einem Herrn Doktor sprechen.
Ich würde lieber mit einer Frau Müller sprechen.
H&B

NA, WER IST DENN DA SCHON AUF DEN BEINEN?
Na toll. Mein Pflegeroboter hat Demenz.
H&B

Wenn ich groß bin, will ich Arzt werden.
Das hört der Opa aber gern!
Da kann ich immer zu dir kommen, wenn mir was weh tut.
Bist du gesetzlich oder privat versichert?
H&B

MAMA?
ACH! DIE MEYERS HABEN IHRE STROMRECHNUNG AUCH BEKOMMEN.

WAS SEHEN SIE, WENN SIE MICH ANGUCKEN?
LAUTER FALSCHE ENTSCHEIDUNGEN, DIE ICH IN MEINEM LEBEN GETROFFEN HABE.

DIE KATZE HAART, KARL!
DAFÜR HABEN WIR DOCH DEN SAUG-ROBOTER GEKAUFT!
ICH KRIEGE GLEICH BURNOUT!

DAS IST DER PAKETVORBOTE.
NOCH DREI STOPPS, BIS IHRE SENDUNG ANKOMMT!

SEIT KURZEM BRINGT UNS UNSERE KATZE KEINE MÄUSE MEHR MIT NACH HAUSE.
SIE MACHT ES JETZT WIE WIR UND BESTELLT AUCH ALLES ONLINE.
ZAK.

Achten Sie darauf, dass es beim nächsten James-Bond-Film "Im Geheimdienst seiner Majestät" heißen muss!
WINTER WEBER

Ihren Abgang wollte ich unbedingt noch erleben...
WINTER WEBER

DASS WIR DAS
NOCH ERLEBEN DÜRFEN,
DAS ERSTE FLUGTAXI.

ROBERT, ICH KANN
MICH GAR NICHT ERINNERN,
WOHIN WIR EIGENTLICH
FLIEGEN WOLLTEN?
NACH KANADA, OLAF!
KOMM WIEDER AUS DEM
CUM-EX-MODUS RAUS.

JETZT GEFRAGT: DER INTELLIGENTE ENERGIE-MIX

FINALE, HOLST DU MIR NOCH' N BIER, SCHATZ!
NUR, WENN DU MIR ENDLICH ERKLÄRST, WAS ABSEITS IST.

AfD
UND WAS, WENN PUTIN AUF DIE IDEE KÄME UNS ZU ENTNAZIFIZIEREN?

SCHLAF GUT, TRÄUM SÜSS.
SCHEISS LEISTUNGSDRUCK.
RATTELSCHNECK

WENN SIE VOM APFEL ESSEN, MACHEN SIE DIE ERFAHRUNG NACKT ZU SEIN.
MAN SIEZT MICH. ICH BIN ALSO NICHT BEI IKEA.
RATTELSCHNECK

NEBENEINANDER EINSCHLAFEN, NEBENEINANDER AUFWACHEN, DARAN WERDE ICH FESTHALTEN BIS ZUM SCHLUSS, EGAL MIT WEM.
RATTELSCHNECK

MIT STRUMPFMASKE SEHEN SIE AUS WIE SEEMANNSKNOTEN. VON LINKS: SLIPSTEK, HALBER SCHLAG, DOPPELTER PALSTEK.
LASST UNS ABHAUEN.
BANKSCHALTER
RATTELSCHNECK

Walters altes Problem: Er erträgt es nicht, wenn ein anderer Recht hat.

Der Schein trügt, Herr Semmel ist unverkäuflich und wartet nur auf seine Frau!

SPARTIPP 790... LIVE-WEBCAM IM KELLER

KLIMAWANDEL... BEDUINE TREIBT MIT ENTSETZEN SPOTT

STERNSCHNUPPENZEIT... WÜNSCH DIR WAS

MONATSENDEN

HUSE
IRGENDWANN, MEIN SOHN, WIRD DAS ALLES DER MARKT REGELN.

HUSE

DAS LETZTE, WAS DIE ALTE ECKKNEIPE SIEHT, BEVOR SIE EINE VEGANE TAPAS BAR WIRD.

WIR BITTEN ALLE PASSAGIERE, DEREN FLUG KURZFRISTIG ANNULLIERT WURDE, BEIM WEG ZUM BESCHWERDESCHALTER GANZ RECHTS ZU GEHEN, DAMIT SIE NICHT MIT DEM STREIKENDEM PERSONAL ODER DEN PASSAGIEREN ZUSAMMENSTOSSEN, DIE IHR GEPÄCK SUCHEN ...
1
FLUGHAFEN
2
BIS ZUM RÜCKFLUG WAR ICH ERHOLT...
MALLE
ORCA
FEICKE

BUNDESGESETZBLATT
NEUE CORONA-REGELN:
§1
Die Bundesregierung hat auch kein' Bock mehr!
§ 2
Macht doch alle, was Ihr wollt!
NICHT SEHR KONSTRUKTIV, ABER WENIGSTENS EHRLICH...
FEICKE

HERR OBER,
DA LÄUFT EIN JESUS ÜBER MEINE SUPPE!!
©ROSEN

GUTEN TAG! WIE GEHT ES IHNEN?
DANKE DER NACHFRAGE, MEHR SEX WÄRE SCHÖN!
©ROSEN

HALLO? ICH KANN JETZT NICHT REDEN, ICH BIN IM RESTAURANT. ICH SAGTE, ICH KANN JETZT NICHT REDEN, ICH BIN IM RESTAURANT! IM RESTAURANT! JA. HALLO? HALLO?? HÖRST DU MICH JETZT? ICH SAGTE, ICH BIN IM RESTAURANT, ICH KANN JETZT NICHT REDEN! NEIN, IM RESTAURANT! JA! NEIN. WO BIST DENN DU? WO? WO BIST DU? HALLO? HALLO? JA, ICH KANN DICH HÖREN. NEIN, ICH HÖR DICH GUT! NEIN, ICH BIN IM RESTAURANT! HALLO?
©ROSEN

Das erste Huhn als Wetterhahn!
Wurde auch Zeit!
P. GAY 22

Übrigens: Ich hab ne 1 in Mathe geschrieben!
JETZT HALT DOCH MAL DIE KLAPPE!
P. GAY 18.3.22

Papa?
Heizung bleibt aus!!
P. GAY 11.3.22

Wir sollten uns wieder mal küssen. Die Nachbarn schauen schon.
P. GAY

Himmelstor, gegen MICH, mit dem HINTERKOPF! Das kann nur UNS UWE!

Immer eine Freude, Robert beim Übers-Wasser-Gehen zuzuschauen!

GEHEN WIR ZU NAIV MIT RUSSISCHER SPIONAGE UM?

SYLT IST GENERVT VOM EVENT DES JAHRES

Ich bin drei mal durch die Nasenprüfung gefallen...
DR. BREHM
HALS-
OHREN-
ARZT
GYMMICK

Und als neuen Online-Marketing-Leiter konnten wir den erfolgreichsten Influencer 2022 gewinnen...
GYMMICK 22

DAS ZÄPFCHEN-ORAKEL

EY, KENNSTE TIKTOK?

HEY SIRI, ÖFFNE PAPAS BROWSER-VERLAUF!

ALSO DOCH! BORIS MUSS IN DEN KNAST!
BECKER, PALMER ODER JOHNSON?

Wie äußert sich Long-COVID bei Dir?
Hab ich vergessen...
HEBLER

Und hier sind Augenbinden und Ohrstöpsel für die Kinder der Rechtspopulisten und Ultrakonservativen ...
SEXUALKUNDE

Kalt
Warm
HEBLER

Wie heißt das nochmal, wenn eitle, selbstverliebte Männer in Führungspositionen landen, obwohl sie eigentlich nur Blender sind?
Pfauenquote.
MENZE

SOLI-SCORE

Sorry, Leute. Ich muss mal kurz muten, der Arzt faselt hier irgendwas von Burnout-Gefahr.

Komm, wir spielen Arbeit. Ich bin die Chefin.
Paaapaaa! Anna gendert schon wieder!
SCHILLING & BLUM

Scholz' vergessene Meetings bei Warburg & CO

Allesversteher Schröder erklärt die Weltlage

Bayern macht ernst mit der Windkraft

Die Diskssion rund um Frauen-EM und Herren-WM!

Mama, Papa! Ich bin jetzt ein Käfer.
Lass mich raten. Das hat wieder mit TikTok zu tun.
LOSER DES MONATS

Frau Doktor, ich habe meinen Humor verloren.
Dann machen Sie doch deutsche Comedy.

IM HOMEOFFICE?
JO, MEINER AUCH!
MARKIERUNGSARBEITEN
BUTZ

...und was fließt durch die Nebenleitung?
Die Gelder für Gerhard Schröder.
NORDS
wurster

WO SOLL DER GANZE ATOMMÜLL LAGERN?
WO SOLLEN DIE STROMTRASSEN VERLAUFEN?
WO DARF DIE UMWELT DURCH FRACKING ZERSTÖRT WERDEN?
WOANDERS!
WOANDERS!
WOANDERS!
wurster
DAS SÖDER-ECHO

Die ständige Schimpfkommission

Britische Monarchie: abschaffen oder umgestalten?

Kleine Designänderung mit großer Wirkung.

Warum mitten durch's Lavendelfeld?
Das beruhigt!

Tierwohl-Label jetzt noch individueller

Personelle Neuaufstellung in der CDU

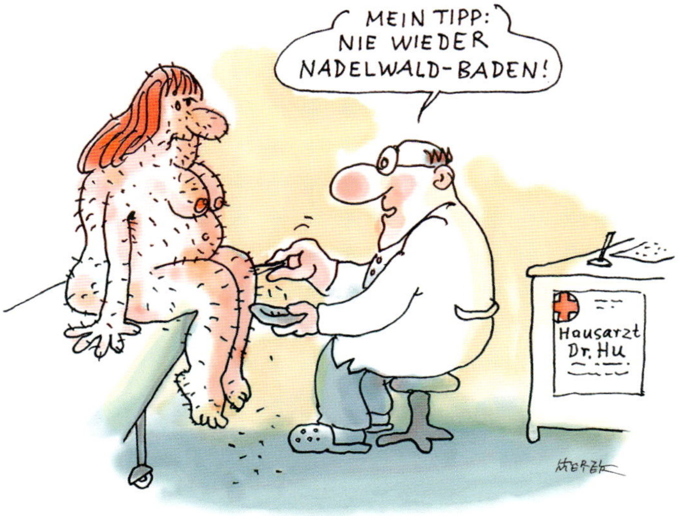

"HEISSER SCHEISS - DIE HÜTTE BRENNT!" EIN ARIENABEND ZUR ERDERWÄRMUNG
MIT BRENDA FLAMMINGER - UND BURNY ÖFELE AM WOHLTEMPERIERTEN KLAVIER

Professor, wir haben das Signal der Außerirdischen entschlüsselt.
IHR SEID SOLCHE PIMMEL

In der Pandemie war ich ein Held, weil ich auf dem Sofa hocken blieb. Jetzt bin ich ein Held, weil ich nicht mehr dusche.
Herrliche Zeiten!

Supreme Court erlaubt nun endlich auch wieder Hexenverfolgung!

Papa, was tust du eigentlich gegen den Klimawandel?
Meinem Kontostand zufolge bin ich schon vor Jahren aus der Kohle ausgestiegen.
Pils
LANDSCHULZ

Schön, wenn man in diesen Zeiten eine Katze hat, an der man sich festhalten kann.
Morgen melde ich sie bei Tinder an.
LANDSCHULZ

MEINEN OPA HABEN SIE DAMALS IN SO EINER KISTE BEGRABEN.
OKAY, DA WAREN KEINE RÄDER DRUNTER. ABER-HEY: MOBILITÄTSWENDE!
ICH BIN'S! WIRF MIR DEN AUTOSCHLÜSSEL RUNTER!

IST DAS REGIONAL? IST DAS BIO? IST DAS VEGAN? IST DAS GLUTENFREI?
HERRGOTTNOCHMAL! KANN DENN KEINER MEHR NORMAL ÜBER ESSEN REDEN?
DAS SCHMECKT NICHT GUT.

ES WAR SEHR STÜRMISCH! MEIN HAARKNOTEN HAT SICH GELÖST...
UND JETZT IST ALLES MIT DEM BART VERFILZT!
PUH! STÖRT ES SIE SEHR?
NEIN.
ABER DIE KINDER HABEN ANGST VOR MIR.

SENIORENSCHWIMMEN?
FÜNFZIG METER FREISTIL DER Ü100 HERREN.
DAS FINALE! GEHT GLEICH LOS.
OHNE ZUSCHAUER?
PENG!
DIE KOMMEN IMMER ERST IN DER LETZTEN HALBEN STUNDE.

AAAAAH!!
BONK!
HÖR AUF, DAS IST PAPA. ER FÄHRT JETZT AUCH BEI SCHEISSWETTER MIT DEM RAD.

WAS SOLL ICH MAMA BASTELN? HAST DU EINE IDEE?
ICH GLAUBE, SIE HÄTTE GERNE EINEN KLEINEN TRAUMFÄNGER FÜR DEN RÜCKSPIEGEL.
WAS IST DAS?!
EIN ALBTRAUM-FÄNGER.

OPFER EINES MILITÄRPUTSCHES ...
AUNG SAN SUU KYI
... EINES TOTALITÄREN STAATES...
HONG KONG
... EINES AUTOKRATEN, ...
NAWALNY
... ABER IMMERHIN NICHT OPFER DER...
OSMAN KAVALA
... BRITEN UND USA!...
JULIAN ASSANGE

„Ich könnte gut ohne russiches Gas auskommen, aber wie erkläre ich es meinen Katzen?"

BECK

Putin hat viel erreicht: Die Ukrainer gewinnen den Song-Contest, Schweden und Finnen wollen in die NATO und die Russen werden schlanker (weil McDonalds in Russland aufgibt, forever).

„Als ich kleiner war, habe ich mir mal „Friede auf Erden" zu Weihnachten gewünscht und eine Barbie bekommen. Bin gespannt, was ich dieses Jahr kriege, wo ich mir „eine Welt ohne Corona" gewünscht habe..."

Angriff auf unsere Computersysteme? Unmöglich! Wir schließen die Eingangstüren unseres Hauses immer zuverlässig ab.
BECK

Oma, du sagst, du lädst deine Batterien im Garten. Wo denn?

Na, wie war dein erster Tag im Büro ohne Maske?

Hast du Lust
auf'n Spaziergang?
Gegen was?

The same procedure
as last year, Miss Sophie?

IMMER NOCH PLANET DER (W)AFFEN

Putins Kriegspfad

Und gleich geht der blöde Wecker wieder los!

Putin am Tisch mit all seinen Freunden.

KLARE BOTSCHAFT

AUS DEM WEG!!!
Wir schaffen hier einen humanitären Korridor!
GYMMICK

BUTSCHKOW
Liebesgrüße aus Moskau

DER RUSSISCHE STAATSZIRKUS

Ukraine, Scholz, Macron, die EU, der Bundestag, Joe Biden, der Papst – alles Nazis, außer Hitler, der ist Jude!
BURKH
Lawrow erstattet seinem Präsidenten Bericht!

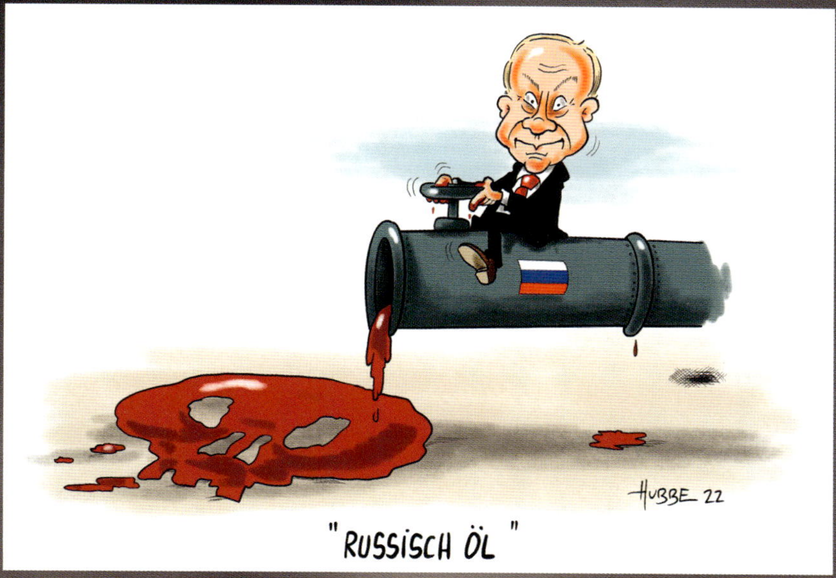
HUBBE 22
"RUSSISCH ÖL"

PUTINS TISCH FÜR SCHRÖDER
DANKE FÜRS GESPRÄCH, CHEF!

MAMA, WARUM MUSS ICH VERHUNGERN?
WEIL EIN ALTER MANN GANZ WEIT WEG SEINEN KRIEG GEWINNEN WILL.
SCH WAR WEL

Wir hatten das nach dem Krieg natürlich ruckzuck alles wieder aufgebaut! Rufen Sie mich mal an, wenn alles vorbei ist!
BURKH
Merz weiß, wie es geht!

Putin-Versteher

PUTINS HELDEN

Russland von Paralympics ausgeschlossen

MELDUNG VON AMAZON:
DIE WAFFEN SIND GELIEFERT WORDEN,
ABER BEIM NACHBARN ABGEGEBEN.
HB

Putins Oligarchen auf der Flucht
Roman Abramowitsch
Igor Setschin
Alexej Mordaschow
Alischer Usmanow
Evgeny Lebedev
Gerhard Schröder

Z
NO WAR!
LANDSCHULZ
Wie man russische Panzer richtig nutzt.

NATO
OTAN
SUMMIT - SOMMET
MADRID
29-30 VI 2022
MITARBEITER DES JAHRES
HB

BORIS POPOVA???
Schüler-austausch 2011???
SASCHA REBROV?!!
GYMMICK

RÜSTUNG MEIER
Die ollen Dinger müssen schleunigst in die Ukraine!
Wir brauchen den Platz für unsere neueste, heißeste Weltkriegsware!
KA.GREVE

BITTE WENDEN!
BITTE WENDEN!
BITTE WENDEN!
Ich glaub, unser Navi spinnt.
Es funktioniert
Ich bin jetzt im System!
P. GAY

WIR WARTEN AUF DIE EU-DIPLOMATIE-OFFENSIVE

Böser Verdacht: Wurde Putin falsch beraten?

1
2
3
4
8
SAPORISCHSCHJA
8
7
6
5
4
3
2
RUSSISCHES ROULETTE: VARIANTE 2022...

KRIEG
WELT-
KLIMA-
BERICHT
HB

PUTIN MACHT MOBIL

HOFFENTLICH
SPIELT ER SKAT.
OL

PUTIN

DIE CARTOONIST:INNEN

adam, 1976 in Milanowek, Polen, geboren. Studierte Informatik, lebt und arbeitet seit 1988 in Berlin als Computerspezialist. Hauszeichner von *Das Magazin.*
www.adamtoons.de
S. 46

Renate Alf, 1956 in Göttingen geboren. Ausbildung zur Lehrerin. Seit 1983 als Cartoonistin tätig. Zahlreiche Buchveröffentlichungen im Lappan und Herder Verlag. Lebt in Weimar.
S. 23

Frank Bahr, 1969 in Stuttgart geboren, zeichnet und malt, seit er aufrecht sitzen kann, lebt heute an und teilweise auf der Ostsee und arbeitet als freier Maler, Karikaturist und Cartoonist.
www.frank-bahr.net
S. 2, 4, 5

BECK, aktuelles und schönstes Beck-Buch ever: „End Of Weekend", Lappan Verlag 2022. (Beinahe) täglicher Cartoon auf www.schneeschnee.cc
S. 141, 142, 143

Harm Bengen, 1955 in Arle, Ostfriesland, geboren, wo er jetzt wieder als selbstständiger Cartoonist und Comiczeichner lebt. Veröffentlicht in diversen Zeitschriften und Zeitungen. www.harm-bengen.de
S. 54, 55, 159, 160, 164

Bettina Bexte, 1964 geboren. Nach dem Kunststudium als Illustratorin und Cartoonistin tätig. Lebt in Bremen. Ihre Arbeiten erscheinen in zahlreichen Zeitschriften (u. a. *Brigitte, familie&co., Der Bunte Hund).*
www.bettina-bexte.de
S. 48, 49

Karl-Heinz Brecheis, 1951 in Simbach/Inn geboren. Studium, zunächst Kunsterziehung, danach Grafik-Design. Arbeitet als freiberuflicher Cartoonist und Illustrator v.a. für Firmen und Institutionen im Rahmen von Öffentlichkeitsarbeit und internen Schulungs- und Weiterbildungsmaßnahmen. S. 26

Michi Brezel, geb. 1982 in Templin, wohnt in Dresden. Er denkt sich täglich Cartoons aus, manchmal erscheinen sie im *Eulenspiegel.*
instagram.com/witzvorlage/
S. 126

BURKH, Burkhard Fritsche, 1952 in Mölln geboren, lebt seit 1996 in Köln. Veröffentlichungen in *Eulenspiegel, taz, Die Zeit, Tages Anzeiger (Zürich), Welt am Sonntag, Süddeutsche Zeitung, Kicker, Spiegel Online* u. v. a. www.burkh.com
S. 124, 125, 154, 156, 158

Peter Butschkow, 1944 in Cottbus geboren, lebt heute in Schleswig Holstein. Veröffentlicht in diversen Zeitschriften und Zeitungen. Autor von über 150 Büchern und Kalendern.
www.butschkow.de
S. 50, 51, 52, 153

Steffen Butz, Jahrgang 1964, lebt als Cartoonist und Illustrator in Karlsruhe. Seine Bärencartoons erschienen u. a. in *Stern, Freundin, Mein Eigenheim, Nebelspalter* und *Die Rheinpfalz.* Zahlreiche Buch- u. Kalenderveröffentlichungen. instagram.com/steffen.butz
S. 127

Samy Challah wuchs im Bergischen Land auf, studierte an der Kunsthochschule für Medien in Köln und arbeitet heute als Zeichner und Puppenfilmer. Seine Cartoons erscheinen im *Eulenspiegel* und der *Titanic.* www.samychallah.de
S. 58

Birgit Dodenhoff, geb. in Zeven 1969, Studium Kommunikationsdesign. Ihre Cartoons erscheinen im Lappan Verlag, dem *Eulenspiegel* u.a. Printmedien, in Kalendern, Schulbüchern, auf Postkarten sowie auf fb und insta (dodenhoff_cartoons).
www.catprint.de/artist/birgit-dodenhoff S. 47

Uli Döring, (* 1971) wohnt in Köln und ist Allroundkreativer, derzeit mit dem Schwerpunkt „Cartoons". Diese veröffentlicht er in verschiedenen Zeitschriften, Büchern, auf Postkarten, auf Facebook und Instagram. uliwood.wordpress.com
S. 83, 84, 85

Rainer Ehrt, 1960 in Elbingerode/Harz geboren, lebt in der Nähe von Berlin, veröffentlicht u.a. in *Eulenspiegel, Cicero, Süddeutsche Zeitung, Manager Magazin.*
www.edition-ehrt.de
S. 66, 67

Tim Oliver Feicke, Jg. 1970, lebt und zeichnet in Hamburg, im Hauptberuf Richter. Veröffentlichungen u.a. im *Hamburger Abendblatt, Eulenspiegel, deutsche Richterzeitung, RENOpraxis* und vielen Anthologien. Mitglied des Cartoonkollektivs „Hamburger Strich". www.feickecartoons.de
S. 109

Miguel Fernandez. Der aus Rehburg (bei Hannover) stammende Comiczeichner, Cartoonist und Illustrator zeichnet seit 2005 Cartoons, die in diversen Zeitschriften und Magazinen abgedruckt werden. Zahlreiche Buchveröffentlichungen. www.miguelfernandez.de
S. 57

Tom Fiedler, geboren 1973 in Ostberlin. Seemann, Ingenieur. Lebt heute als Cartoonist *(Eulenspiegel),* Illustrator und Graphic Recorder in Koblenz.
www.tomfiedler.de
S. 14

Kai Flemming, geb, 1964, lebt in Hamburg. Seine Cartoons erscheinen u.a. in der *Frankfurter Rundschau.* 2017 bester Newcomer, 2021 Zweiter beim Deutschen Karikaturenpreis.
www.kaiflemming.com
S. 108

Peter Gaymann, geb. 1950 in Freiburg i. Br. Seit 1976 als humoristischer Zeichner selbstständig. Sein Markenzeichen sind die Hühner und die „Paar-Probleme" in *Brigitte.* Veröffentlichungen auch in *taz, Zeit Magazin, Bunte* etc. Er lebt in Schäftlarn.
www.gaymann.de S. 112, 113, 162

Gerhard Glück, 1944 in Bad Vilbel geboren. Lebt in Kassel. Kunsterzieher, inzwischen ausschließlich als Cartoonist und Illustrator tätig. Regelmäßig in der *NZZ* und im *Eulenspiegel.*
www.gerhard-glueck.de
S. 102, 103

Greser & Lenz, Achim Greser wurde 1962 in Lohr am Main, Heribert Lenz 1958 in Schweinfurt geboren. Beide leben in Aschaffenburg. Das Duo zeichnet regelmäßig für die *Frankfurter Allgemeine Zeitung* und *Titanic.* www.greser-lenz.de
S. 20, 21, 22

Katharina Greve, 1972 in Hamburg geboren, studierte an der TU Berlin Architektur und lebt in Berlin. Veröffentlichungen in: *Titanic, Das Magazin, neues deutschland, Frankfurter Allgemeine Sonntagszeitung* u.a. www.katharinagreve.de
S. 80, 81, 161

Markus Grolik, 1965 in München geboren. Seit 1995 als freier Zeichner und Autor tätig für diverse Verlage und Agenturen. Veröffentlicht regelmäßig im *Nebelspalter, Eulenspiegel, SZ, Südkurier, MSN, gmx* u.a.
www.markus-grolik.de
S. 97, 98, 99

Gymmick (Tobias Hacker), Cartoonist, Komiker und Liedermacher. Veröffentlicht wöchentlich Cartoons z.B. für die *Nürnberger Nachrichten.* Gewinner des Deutschen Karikaturenpreises 2022.
www.Gymmick.de
S. 117, 152, 161

Foto: Hans-Jörg Pochmann

Christian Habicht, 1962 in Jena geboren. Lebt und arbeitet als selbstständiger Zeichner in Eisenberg. Zeichnet für *Eulenspiegel,* die *Ostthüringer Zeitung,* den *Allgemeinen Anzeiger,* die *Freie Presse.*
www.christian-habicht.de
S. 88

Teresa Habild, 1979 in München geboren. Studium der Visuellen Kommunikation in Offenbach am Main. Lebt als freie Cartoonistin und Illustratorin in Trier. Veröffentlichungen in zahlreichen Medien, wie z.B. *Eulenspiegel, Titanic* und *Süddeutsche Zeitung.*
h-bild.de S. 132, 133

Hauck & Bauer, Elias Hauck, Berlin, und Dominik Bauer, Frankfurt, beide Jahrgang 1978. Veröffentlichen u. a. in der *Frankfurter Allg. Sonntagszeitung* und der *Titanic.* www.hauckundbauer.de
S. 91, 92, 93

Ruth Hebler, 73er Jahrgang, Eifelmädchen, Autodidaktin. Ihre Cartoons sind regelmäßig in diversen Zeitschriften, Büchern, Kalendern und Ausstellungen zu sehen. Sie wurde mehrfach ausgezeichnet, zuletzt 2021 mit dem zweiten Platz beim Deutschen Cartoonpreis. www.ruthhebler.de S. 120, 121

Pascal Heiler, geb. 1971, studierte Design und lebt als selbstständiger Softwareentwickler in Würzburg. Er veröffentlicht in diversen Verlagen und wird durch die Galerie Gabriele Müller vertreten.
www.hametschu.de
S. 118, 119

Barbara Henniger, 1938 geboren in Dresden, einige Semester Architekturstudium und 10 Jahre als Journalistin bei einer Tageszeitung. Seit 1968 in Strausberg bei Berlin, Stammzeichnerin beim *Eulenspiegel*.
www.barbarahenniger.de
S. 89

Anton Heurung wurde 1957 in Bad Neustadt/Saale geboren. Er studierte Grafik-Design an der FH Würzburg-Schweinfurt und arbeitet als freischaffender Illustrator und Künstler in Aschaffenburg.
www.antonheurung.de
S. 163

Oli Hilbring lebt mit Familie, vielen Stiften und Hund in Bochum. Er veröffentlicht u. a. im *RevierSport,* im *Rookie Magazin* und bei *ehrensenf.de.* Er betreibt den Cartoon-Blog »Schön Doof«.
www.oli-hilbring.de
S. 10, 11

Michael Holtschulte, Jahrgang 1979, lebt und arbeitet als Cartoonist und Illustrator in Essen. Zeichnet für zahlreiche Zeitungen und Magazine. Seine Cartoons sind wöchentlich auf www.totaberlustig.de zu sehen.
S. 70, 71, 72

Olga Hopfauf, 1984 in Kasachstan geboren, ist in Deutschland aufgewachsen. Sie lebt und arbeitet als freiberufliche Illustratorin in Osnabrück. Außerdem inszeniert sie mit ihrem Freund selbstgeschriebene Theaterstücke und organisiert Ausstellungen und Zeichnertreffen. www.hopfauf.de S. 73

Phil Hubbe, geboren 1966 in Haldensleben. Zeichnet regelmäßig für verschiedene Zeitungen und Zeitschriften (u.a. Sportmagazin *kicker*). Da selbst an MS erkrankt, macht er dies und andere „Behinderungen" zu einem Thema seiner Cartoons.
www.hubbe-cartoons.de S. 27, 155

Mathias Hühn wurde 1968 in Hessen geboren. Er lebt mit Familie in Berlin und zeichnet meistens für die *taz*. huehn-illu.de
S. 90

Rudi Hurzlmeier, geb. 1952 im niederbayerischen Kloster Mallersdorf, lebt als Maler, Cartoonist und Autor in München. Rund 100 Einzel- u. Themen-Ausstellungen im In- und Ausland. Ständiger Mitarbeiter bei *Titanic*. Mehr als 40 Bücher veröffentlicht.
S. 134, 154, 167

HUSE wurde als der Cartoonist Björn Ciesinski 1976 in Bremen geboren. Er lebt und zeichnet mit Familie in Hamburg. Seine Cartoons sind in Publikationen wie z. B. *Stern, Eulenspiegel, Titanic* und diversen Büchern veröffentlicht. b-ciesinski.com
S. 107

Jandré. Hinter dem Namen Jandré verbirgt sich das Zeichnerduo Jan Bargfrede und André Sedlaczek.
www.bissiges.de
S. 33

AD Karnebogen verbindet Design und Humor in Text und Bild. Er gewann 2021 den Deutschen Cartoonpreis.
instagram.com/adkarnebogen/
S. 74, 75, 147, 148–149, 155

Petra Kaster, 1952 in Mülheim an der Ruhr geboren. Lebt und arbeitet in Mannheim. Trickfilmautorin, Veröffentlichungen in diversen Zeitschriften, Zeitungen (u.a. *Eulenspiegel* und *Nebelspalter*) und Büchern.
www.petrakaster.de
S. 59, 60, 61

Matthias Kiefel, freiberuflicher Cartoonist, Illustrator und Grafiker in Berlin. Veröffentlichungen in Zeitschriften, Büchern und Kalendern.
S. 130, 131

Kittihawk, geboren 1972 in Recklinghausen, lebt in Berlin. Sie veröffentlicht ihre Cartoons z. Zt. in *Titanic, Schädelspalter, Sächsische Zeitung* und im *Spiegel.*
www.kittihawk.de
S. 15, 16, 17

Norman Klaar wurde 1980 im wunderschönen Rheinland geboren, direkt zwischen der damaligen Hauptstadt Bonn und der Domstadt Köln. Heute schreibt er Bücher für Kinder und Erwachsene und kritzelt Cartoons.
S. 18, 19

@kriegundfreitag, eigentl. Tobias Vogel, geb. 1982, lebt in Hamburg, ist Comicautor, Autor u. Cartoonist. Mit seinen Strichmenschen gewann er 2019 den Online Grimme Award, 2020 den Max und Moritz-Preis. Seine Cartoons erscheinen in den sozialen Netzwerken, auf Tassen, Pullis und in Büchern. S. 76

Kriki wurde als Christian Groß 1950 in Lamstedt (Niedersachsen) geboren, lebt in Berlin-Kreuzberg, veröffentlicht für *taz, Eulenspiegel, mare, Schmutz und Schund* und *Der Kleine Lemur.*
www.kriki.cartooncommerz.de
S. 56

Uwe Krumbiegel, 1962 in Flöha (Sachsen) geb. Lebt in der Nähe von Freiberg, ist Dipl.-Ing. in der Energiewirtschaft. Veröffentlichungen u. a. in *Eulenspiegel* und *rtv.*.
www.uwe-krumbiegel.de
S. 69, 157

Dorthe Landschulz studierte in Hamburg und Paris Illustration. Sie lebt in der Bretagne, zeichnet Cartoons u.a. für *Titanic, taz, Eulenspiegel, Tierwelt Schweiz* und seit 2019 wöchentlich für den *Stern.* Sie gewann Preise und hat mehrere Bücher veröffentlicht. www.facebook.com/EinTagEinTier
S. 135, 136, 137, 150, 152, 160

Mario Lars, Roland Regge-Schulz, geboren 1964 in Mecklenburg, lebt dort als Grafiker, Journalist, Zeichner und Autor. Veröffentlicht in *Eulenspiegel, Schweriner Volkszeitung* und *Sächsischer Zeitung.*
www.schulzenhof.de
S. 40, 41, 42, 165 und Titelseite

Wolf-Rüdiger Marunde, geb. 1954, arbeitet seit 1980 als Illustrator u. Cartoonist. Nach *Stern* u. *Brigitte* sind seine Cartoons seit vielen Jahren in der *Hörzu* zu sehen. Buchveröffentlichungen, Ausstellungen. Marunde lebt im Wendland. www.wolf-ruediger-marunde.de
S. 38, 39

Piero Masztalerz, vielfach prämierter Cartoonist, veröffentlichte u. a. auf *spiegel online, Titanic, stern* und *Eulenspiegel.* Seit 2013 tourt er mit seiner Live Cartoon Show durch Deutschland und Österreich.
www.schoenescheisse.de
S. 62, 63, 64, 65

Johann Mayr, 1956 geboren, Münchner. Arbeitete als Gartenarchitekt und Stadtplaner, seit 1990 freischaffender Cartoonist. Veröffentlicht in Tageszeitungen und Zeitschriften, Autor von über 100 Cartoonbüchern. www.johannmayr.de
S. 24, 25

Dirk Meissner, geb. 1964, lebt als freier Cartoonist in Köln. Seit 2005 in der *Süddeutschen Zeitung.* Er beschäftigt sich mit abstrakter Kunst und Humortheorie und ist Mitglied der *Rheinischen Humorverwaltung* und der *International Society for Humor Studies* in Oakland, Kalifornien. S. 82

Nadia Menze, geboren 1981, zeichnet seit vielen Jahren Cartoons, hat sich aber erst 2019, ermuntert von Martin Perscheid, damit an die Öffentlichkeit getraut. Man findet ihre Werke auf Social Media unter *Cartoostrophal.*
S. 122

Til Mette, geboren 1956 in Bielefeld. Studierte Geschichte und Kunst. Mitbegründer der *taz* Bremen. Lebte über 15 Jahre in den USA, seit 2006 in Hamburg. Seit 1995 als Staff-Cartoonist beim *stern.*
S. 6, 7, 8

Denis Metz heißt eigentlich Denis Metz, Jahrgang 1974, zeichnet Cartoons. Schon immer. Lebt auf der Nordseeinsel Baltrum und erzählt dort den Lachmöwen dreckige Witze. www.schnabulak.de
S. 12, 13

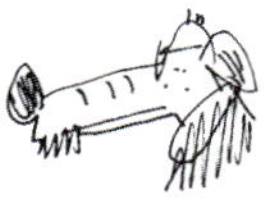

Mock wurde 1958 als Volker Kischkel in Lobberich am Rhein geboren. Studium der Freien Kunst in Braunschweig. Lebt heute in Bremen.
S. 68

NEL, wurde 1953 als Ioan Cozacu in Rumänien geboren. Studierte Innenarchitektur in Halle, lebt heute in Erfurt. Seit 1984 als freischaffender Cartoonist tätig. Veröffentlicht regelmäßig in div. Tageszeitungen und Magazinen. www.nelcartoons.de
S. 144, 145, 146, 151 und Backcover

OL wurde als Olaf Schwarzbach 1965 in Berlin geboren. Er zeichnet u. a. für *Berliner Zeitung, Jungle World, Tip-Berlin, n-tv.de* etc. Zahlreiche Buchveröffentlichungen
www.ol-cartoon.de
S. 77, 78, 79, 166

Thomas Plaßmann, 1960 in Essen geboren, Karikaturist u. a. für *Frankfurter Rundschau, NRZ, Berliner Zeitung, Spiegel Online.* www.thomasplassmann.de
S. 104, 105, 106, 158, 165

Ari Plikat, geboren 1958 in Lüdenscheid. Lebt in Dortmund, zeichnet Illustrationen, Cartoons und komische Bilder, die in vielen Zeitungen/Zeitschriften zu sehen sind.
www.ariplikat.de
S. 34, 35

Derek Pommer, geboren 1963 in Vancouver, seit 1971 in Münster. Zeichnet freiberuflich Werbe- und Buchillustrationen, Cartoons, Karikaturen.
www.derek-pommer.de
insta: @derek_pommer
S. 176

Rattelschneck sind Marcus Weimer, Cartoonist und Autor, und Olav Westphalen, freier Künstler. Beide Jahrgang 1963. Zeichnen u. a. für *Titanic, Süddeutsche Zeitung, Die Zeit, Zeit online, Spiegel Online, 11 Freunde, verdi-Publik.* www.rattelschneck.de
S. 100, 101

Hannes Richert, (Berlin) wurde 1982 geboren. Er studierte Medien-Design in Münster. Seine Cartoons veröffentlicht er hauptsächlich in *Eulenspiegel und Titanic.*
www.hannesrichert.de
S. 28, 29

Leonard Riegel, Jahrgang 1983, lebt in Frankfurt und veröffentlicht Cartoons, Illustrationen und Comics für *taz* und *Titanic*. Seit 2014 ist er Redakteur bei *Titanic*. www.leonardriegel.de
S. 86, 87

Holga Rosen, Jahrgang 1970, lebt und arbeitet als Cartoonist in Dortmund. Zeichnet für *Ruhr Nachrichten, Westfalenspiegel* u.a. Außerdem ist er als gelegentlicher Kurzfilmmacher und Musiker tätig.
www.holgarosen.de
S. 110, 111

Stephan Rürup, 1965 geboren, lebt in Münster, war Redakteur bei *Titanic*. Veröfffentlicht in *Titanic, Welt am Sonntag, Journal Frankfurt, Metallzeitung, die Presse* und div. Tageszeitungen. 2018 „Deutscher Cartoonpreis". www.stephanruerup.de
S. 44, 45

Heiko Sakurai zeichnet politische Karikaturen für Tageszeitungen. Er lebt und arbeitet in Köln.
sakurai-cartoons.de
S. 114, 115, 16, 162

Schilling & Blum, Michael Schilling, geb.1983, und Jan Blum, geb. 1981. Von Köln und London aus veröffentlichen sie seit 2010 gemeinsam Cartoons u. a. in *Psychologie Heute, Titanic* und *Stern*.
Insta: @schillingundblum/twitter: @SchillingBlum/ facebook: vomlebengezeichnet S. 123

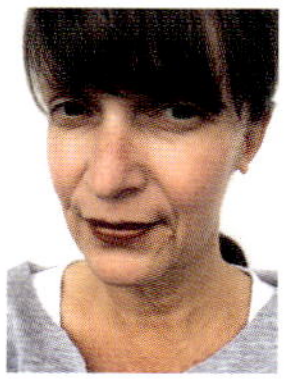

Bettina Schipping, 1967 in Düsseldorf geboren, Studium der Visuellen Kommunikation. Lebt und arbeitet in Düsseldorf als Grafik-Designerin, Illustratorin und Cartoonistin. www.bettinaschipping.de
S. 37

Schwarwel, Jahrgang 68, lebt und arbeitet in Leipzig als Illustrator, Trickfilmer, Karikaturist, Comiczeichner, Animator, Storyboarder, Drehbuch-Autor, Regisseur, Produzent, Art Director (*Glücklicher Montag*), Autor und Zeichner (*Schweinevogel, SEELENFRESSER*).
www.gluecklicher-montag.de S. 53, 156

Klaus Stuttmann, geboren 1949, seit 1970 in Berlin. Studierte Kunstgeschichte u. Geschichte. Veröffentlicht täglich im *Tagesspiegel* und diversen anderen Tageszeitungen.
www.stuttmann-karikaturen.de
S. 30, 31, 32, 150, 151, 159, 163

Tetsche, geboren 1946 in Soltau. Zeichner, Cartoonist, Humorist und Buchautor. War über 30 Jahre jede Woche mit einer Seite im *stern* zu sehen. 2017 Gewinner *Deutscher Cartoonpreis*. Lebt in der Nähe von Stade.
www.tetsche.de
S. 43

Peter Thulke, 1951 in Wismar geboren, lebt seit 1980 in Berlin, arbeitete als Bühnenarbeiter und Bote. Veröffentlicht heute seine Cartoons u. a. in *Medical Tribune, Psychologie Heute, Eulenspiegel, Sächsische Zeitung, Nebelspalter.*
S. 36

©TOM, eigentlich Thomas Körner, 1960 in Säckingen geboren. Lebt in Berlin. Seit 1991 erscheinen seine *Touché*-Comicstrips täglich in der *taz*.
www.c-tom.de
S. 138, 139

Silvan Wegmann (swen), geb. 1969, lebt als Karikaturist und Illustrator in Baden, Schweiz. Er veröffentlicht in diversen Schweizer Zeitungen und Magazinen und ist Mitinitiator des Cartoon- und Satirefestivals Bissfest in Baden. www.swen.ch
S. 140, 164

Karsten Weyershausen, Jahrgang 1963. Lebt in Braunschweig als freier Autor und Illustrator. Veröffentlicht u. a. in *TV Hören und Sehen, Berliner Illustrierte Zeitung, Eulenspiegel.*
www.weyershausen.de
S. 9

Sabine Winterwerber, Jg.1960, Hannoveranerin aus dem Westerwald, zeichnet nicht zum Broterwerb – vielleicht deshalb umso lieber. Sie wurde 2018 „Bester Newcomer" beim Deutschen Karikaturenpreis und gewann 2021 den Publikumspreis des Heinrich-Zille-Karikaturenpreises. S. 96

Miriam Wurster arbeitet seit 2000 als freie Cartoonistin, z.B. für *Titanic, neues deutschland, Charlie Hebdo, Stern, spiegel.de, taz*. Ihre Arbeiten sind preisgekrönt. Sie lebt in Bremen und denkt sich ihre Cartoons standesgemäß in einer Cartonagenfabrik aus.
wurster-cartoon-blog.de S. 128, 129

Martin Zak, geboren 1972 in Bytom, Polen. Studium Visuelle Kommunikation in Bielefeld. Lebt in Köln. Veröffentlicht u.a. in *Eulenspiegel, Nebelspalter, SPICK, MAD, Flashtimer, Schweizer Katzenmagazin.*
www.martin-zak.de
S. 94, 95

DIE HERAUSGEBER:INNEN

Antje Haubner, geboren 1970, studierte Kunstgeschichte und Germanistik, bevor sie als Comic- und Mangalektorin bei Carlsen begann. 2003 wechselte sie zum Cartoon, der seit 2016 unter dem Label „Lappan Verlag" veröffentlicht wird. Programmleiterin des Lappan Verlags.

Wolfgang Kleinert, 1953 in Ostberlin geboren, Journalistikstudium in Leipzig, bis 1991 Redakteur beim *Eulenspiegel*. Als Gründer der Cartoonfabrik macht er seit 1992 Cartoonausstellungen. Seit 1993 Geschäftsführer der Köpenicker Cartoon Gesellschaft.

Dieter Schwalm, 1954 in Oldenburg geboren, Industriekaufmann, Verlagshersteller, Werbegrafiker, Werbe- u. Presseleiter eines Buchverlags. 1983 Mitbegründer des Lappan Verlags, langjährig als Geschäftsführer tätig u. a. für das Cartoonprogramm verantwortlich. Ab 2020 freiberuflicher Humordienstleister.

DEUTSCHER CARTOON PREIS 2022

Der **Lappan Verlag** und die **Frankfurter Buchmesse** hatten aufgerufen zum **Deutschen Cartoonpreis 2022.**

Alle Cartoonist:innen waren eingeladen, unabhängig vom Thema die besten Cartoons, die seit November 2021 entstanden sind, einzureichen.
Über 200 Cartoonisten, Cartoonistinnen und Cartoonistenteams sind dem Aufruf gefolgt, es wurden mehr als 3.000 Cartoons eingereicht.

Grundlage für die Teilnahme am Cartoonpreis sind die Einsendungen, die im Buch „BESTE BILDER 13 – Die Cartoons des Jahres 2022" enthalten sind.

Der Deutsche Cartoonpreis ist dotiert mit: 3.000 Euro für den 1. Preis, 2.000 Euro für den 2. Preis und 1.000 Euro für den 3. Preis.

Die Jury setzt sich zusammen aus:

Birgit Fricke, Senior Manager Vertrieb, Frankfurter Buchmesse

Antje Haubner, Programmleitung Lappan

Dr. Alex Jakubowski, Journalist, Medientrainer, Lehrbeauftrager und Buchautor

Wolfgang Kleinert, Chef der Berliner Cartoonfabrik

Djiana Nukic, Leiterin Havengalerie in Bremen

Dieter Schwalm, Herausgeber zahlreicher Cartoonbücher

Martin Sonntag, Leiter der Caricatura in Kassel

Die Preisverleihung:

Die Gewinner:innen, die zur Drucklegung von BESTE BILDER 13 noch nicht ermittelt waren, werden auf der Preisverleihung am **20. Januar 23** verkündet und geehrt.
Die drei besten Cartoons des Jahres 2022 sind danach hier zu sehen:
www.carlsen.de/lappan/deutscher-cartoonpreis/2022

Die Preisverleihung wird ausgerichtet von der *Caricatura Galerie* und findet im Kulturbahnhof in Kassel als öffentliche Veranstaltung statt.

Die Ausstellung:

Die große BESTE BILDER -Ausstellung ist vom **29.10.2022** bis **05.02.2023** in der *Caricatura Galerie* in Kassel zu sehen.

SCHWARZER HUMOR – FIESE CARTOONS

ISBN 978-3-8303-3488-0

ISBN 978-3-8303-3555-9

ISBN 978-3-8303-3626-6

LAPPAN

Bücher, die Spaß bringen!

ISBN 978-3-8303-3645-7

ISBN 978-3-8303-2058-6

ISBN 978-3-8303-7994-2

In jeder guten Buchhandlung und unter **www.lappan.de**

LASST MICH IN FRIEDEN
POMMER 2022